ÉLOGE FUNÈBRE

DE

Victor-Emmanuel LECLERC-PUISEUX, Général en chef de l'armée de Saint-Domingue, et Capitaine général de cette colonie ;

PRONONCÉ dans l'Église Métropolitaine de Lyon, le 15 février 1803 (26 pluviôse an 11), par M. BONNEVIE, Chanoine de la même Église.

ÉLOGE FUNÈBRE

DE

Victor - Emmanuel Leclerc - Puiseux, Général en chef de l'armée de Saint-Domingue, et Capitaine général de cette colonie;

Prononcé dans l'Eglise Métropolitaine de Lyon, le 15 février 1803 (26 pluviôse an 11), par M. Bonnevie, Chanoine de la même Eglise.

Omnes morimur, et quasi aquæ dilabimur in terram, quæ non revertuntur.

Nous mourons tous, et nous tombons dans le sein de la terre, comme des eaux qui se perdent sans retour. *II. Reg. XIV*, 14.

Monseigneur,

S. E. M.gr le Cardinal Fesch, Archevêque de Lyon, officiant.

Ainsi la mort change nos jours d'alégresse en jours de deuil : il y a peu de temps (*), cette basilique auguste offroit à nos regards le

---

(*) M. l'Archevêque de Lyon a été installé le 2 janvier 1803, (12 nivôse an 11).

spectacle touchant de la grande famille des Chrétiens, réunis pour célébrer la fête de la Paix religieuse ; l'airain sacré des temples et celui des combats proclamoient le rétablissement et le triomphe de l'Eglise désolée par douze ans de malheurs, de souffrances et de scandales ; une foule immense inondant nos portiques sacrés, chantoit son bonheur et les miséricordes du Très-Haut ; un Pontife que le Ciel a donné à cette Cité illustre, comme pour la dédommager de ses pertes et récompenser son dévouement magnanime, et que Rome vient d'élever au rang de ses Princes, pour rehausser par l'éclat de la pourpre, l'éclat des vertus pastorales, inspiroit et partageoit la joie de tous ; les Magistrats de la patrie et les Chefs des légions étoient venus confondre l'hommage de leur reconnoissance ; et de tous les cœurs s'élevait vers le Réparateur suprême, un cri de sensibilité et d'amour qui frappa d'étonnement ceux mêmes qui n'étoient point accoutumés à nos pompeuses cérémonies.

Aujourd'hui les trophées de la mort ont remplacé les trophées de la Religion ; ce temple attristé ne retentit plus que d'accens funèbres ; l'autel, dépouillé de ses ornemens, ressemble à un tombeau ; une cendre froide, un amas de poussière, les décorations du néant, les restes d'un héros moissonné à la fleur de l'âge, qui traversent les mers pour nous apprendre que nous ne sommes rien...... O incompréhensibilité des jugemens de Dieu! ô instabilité des choses humaines! ô rapidité de ce moment qu'on appelle la vie! *Omnes morimur, etc. etc.*

Mais détournons nos regards de ce fragile monument de la douleur; laissons à la mort sa victoire, et considérons, pour suspendre nos regrets, ce que la mort ne sauroit obscurcir. C'est au nom de la Religion, MM., que je m'empare de l'éloge du Général LECLERC, pour laisser un modèle aux guerriers qui m'entendent: je viens louer, en présence de la vérité, un homme sage, désintéressé, dévoué au service de son pays, grand dans l'adversité par son courage, dans la prospérité par sa modestie, dans les difficultés par sa prudence, dans les périls par son intrépidité; je viens célébrer la vie d'un homme de bien, et pleurer la mort d'un guerrier *sans peur et sans reproche.*

Religion sainte, qui, non seulement dans la majesté de nos Temples, dans l'harmonie de nos Cantiques, dans la grandeur divine de nos Sacrifices, mais jusque dans les funérailles et les ombres du tombeau, vous montrez rayonnante de la lumière de ce jour qui étoit hier, qui sera demain et au-delà des siècles ; je vous consacre les accens de ma foible voix : les intérêts de votre gloire et de la vérité ; voilà l'objet de mon zèle, dont je vous offre les prémices dans la première Eglise du premier Empire du monde.

Monseigneur,

Je ne vous entretiendrai point des premières années du Général LECLERC. Elevé dans cette école célèbre, si féconde en grands hommes et si digne de nos regrets, puisque sa chute a précipité la décadence des mœurs, le triomphe de l'impiété, et l'anéantissement de la morale et du bon goût ; il parloit toujours de ses maîtres avec reconnaissance, comme je sais qu'ils parloient de lui avec une complaisance empressée ; ils étoient fiers des sentimens dont une éducation solide et religieuse avoit déposé le germe dans son cœur, des principes d'honneur et de vertu qui dirigeoient et ennoblissoient sa conduite.

En effet, MM., le Général LECLERC n'a jamais donné d'exemples funestes, et la contagieuse perversité du siècle n'a jamais souillé son ame : les belles actions ne s'allient point avec les viles pensées. Occupé de ses devoirs, il ne se livroit point aux riantes illusions de son âge : son caractère moral se composoit de cet amour du vrai et du beau, source des plaisirs les plus purs ; de ce goût du travail qui écarte les vices, sauve de l'ennui, et assaisonne les délassemens honnêtes ; de cette délicatesse qui ressemble à la pudeur et repousse toute déloyauté, alors même qu'elle paroît utile ; de cette force d'ame qui maîtrise les passions fougueuses et produit les actions sublimes ; de cette humanité tendre et généreuse qui accueille l'infortune : préférant la retraite à la dissipation, fuyant la stérile frivolité des cercles, ennemi de ces pernicieux entretiens dans lesquels on se joue avec légéreté de la réputation des autres, il jouissoit de lui-même au sein de l'amitié et de ses chastes douceurs ; s'abandonnoit avec délices aux voluptés pures des champs ; passoit, pour ainsi dire, et s'échappoit à travers tous les enchantemens des passions, pour chercher la seule nourriture proportionnée à l'élévation de son ame et à la dignité de sa raison, la vérité, MM., l'incorruptible vérité, qui porte avec elle dans nos cœurs le charme divin qu'elle tient de son origine, qui ôte à la gloire son prestige, à la jeunesse sa présomption, à la fortune son éclat mensonger, et aux mérites humains leur vanité enivrante et trompeuse.

Tel il étoit déjà, lorsqu'une tempête dont il n'y a point d'exemple, ébranle jusque dans sa racine cet arbre antique dont les pompeux rameaux avoient autrefois couvert l'Europe de leur ombre, déssèche dans ses canaux la séve qui lui donnoit la vie, et disperse au loin ses débris décolorés. Adorons ici, MM., les impénétrables décrets de celui qui balaye les empires de dessus la terre, et les efface comme des caractères tracés sur le sable. Est-ce à nous, foibles mortels, à peser dans notre balance incertaine, les œuvres de Dieu et les destinées des peuples? Mettons plutôt à profit les grandes et terribles leçons qu'il nous donne dans les jours de sa justice et de sa colère.

Examinons la conduite que tiendra le jeune LECLERC dans ces circonstances inouies, qui déconcerteroient la pénétration la plus exercée. Lorsque l'autorité flotte, subordonnée aux divers partis qui règnent despotiquement, ou livrée à des conseils perfides, il ne voit que la patrie : couverte de plaies, elle n'en est que plus respectable à ses yeux, et il prononce le serment de mourir pour elle. Déjà nos légions le comptent dans leurs rangs; il fait avec elles le noble apprentissage de la guerre. A peine entré dans la carriere où des jours si brillans lui étoient réservés, il fixe l'attention de ses chefs, et mérite l'estime de ses compagnons d'armes, parce qu'il est leur modèle.

Mais les regards de la France ne s'étoient pas encore arrêtés sur lui. Il va se placer, MM., parmi les bienfaiteurs de la patrie, en sauvant l'une de ses plus anciennes et de ses plus riches cités. Après la juste punition des cruels décemvirs, Marseille, comme si assez de sang n'avoit pas encore été versé par la tyrannie en délire, est prête à déchirer ses entrailles de ses propres mains. La dangereuse impunité, le funeste silence des lois, le souvenir du passé aigrissent les esprits ; on est en présence, les glaives étincellent, la fureur de la vengeance brille dans les yeux, et une jeunesse inconsidérée sonne la dernière heure de ses subalternes tyrans qui fuient épouvantés. Je ne sais quel calme apparent, quelle confiance trompeuse les ramènent dans leurs foyers. Aussitôt leur haine sanguinaire médite des projets homicides; des scènes de carnage et de deuil menacent les habitans paisibles : qui les dérobera, MM., à tant de périls ? un jeune guerrier, par l'ascendant suprême de la sagesse, par la dou-

A 5

ceur entraînante des moyens qu'il emploie. A la tête de quelques braves, il contient la multitude irritée : les partis s'appaisent, le calme renaît ; et il a le droit de promener ses regards attendris et satisfaits sur un peuple rendu au bonheur par son inaltérable sérénité, et l'étendue de la confiance qu'il avoit imprimée aux Marseillois. Croyez-vous, MM., que la la gloire d'une pareille action et d'un service aussi éminent n'égale pas celle des victoires les plus éclatantes ?

Et cependant, s'il ne répugnoit pas à notre ministère de célébrer la gloire sanglante des combats, que d'exploits fameux nous aurions à vous raconter dont LECLERC a partagé les succès ! Je vous le représenterois tantôt sur la cime des Alpes et dans les défilés tortueux de leurs flancs, supportant avec l'inébranlable patience d'un vétéran, la longueur des veilles, l'âpreté des frimas et l'intempérie des saisons ; tantôt signalant sa noble intrépidité sur les rivages de la Méditeranée, pour arracher au Léopard britannique la riche proie qu'il dévoroit en espérance ; tantôt dans les campagnes fertiles de l'Italie, déployant tous les genres de mérite pour être estimé de l'homme extraordinaire qui fut son idole, et dont il disoit souvent, avec l'abandon du sentiment le plus vrai, *qu'il ne s'étoit jamais couché un jour sans l'admirer plus que la veille.* Bonaparte, désapprobateur aussi redouté qu'équitable appréciateur des talens militaires, ne tarde pas à le distinguer entre les compagnons de sa fortune, et paye son zèle infatigable du double honneur de son amitié et de sa confiance : il l'envoie dans les montagnes escarpées du Tyrol étudier les lieux en silence, deviner des positions, interroger le caractère des habitans ; et les rapports lumineux et exacts de l'Adjudant ont justifié le choix du Général, qui l'acquitte en le rappelant à ses côtés pour cueillir de nouveaux lauriers.

Vous n'attendez pas de moi, MM., que je suive le vol rapide de nos armées et le cours de leurs triomphes presque fabuleux. Trois victoires décisives et long-temps balancées, à *St-Antoine*, à *la Favorite*, à *Rivoli*, noms immortels dans les annales de la guerre, donnent à Bonaparte la mesure de la rare intelligence, du jugement exquis et de la valeur brillante du Général LECLERC. Dès-lors il devient le gardien de ses secrets et le confident intime de toutes ses pensées. Lorsqu'accablé de fatigue, de travail et de gloire, cet homme vraiment grand, qu'il m'est impossible de louer, puisque l'admiration, la reconnoissance et l'amour ont épuisé tous les éloges, déroboit quelques instans de repos à ses héroïques occupations, le Général LELERC épioit son réveil; attentif à ne rien perdre pour servir l'armée et la République, il écrivoit, sous la dictée du génie, ces dépêches attendues avec effroi, qui souvent décidoient en peu de jours du sort de plusieurs princes et de plusieurs états.

Tant de zèle et de dévouement lui donnoit des titres incontestables à une récompense digne de son cœur: Bonaparte l'adopte dans sa famille, et une alliance honorable couronne le véritable mérite. Il appartient, par le plus beau des nœuds, à une femme accomplie qui couvrira de fleurs la carrière qui lui reste à parcourir. Et c'est ici, MM., que l'Orateur chrétien aime à se reposer sur l'hommage rendu à la Religion par les nouveaux Epoux. Hélas! la sainteté du lien conjugal n'existoit plus que dans le souvenir des temps prospères de l'Eglise, et le scandale avoit en quelque sorte cessé par l'universalité du désordre. Au lieu de la sanction divine que l'Eglise imprimoit aux sermens et aux promesses, au lieu des bénédictions du Ciel qu'elle invoquoit sur ses fidèles enfans, le mépris des règles, l'oubli des bienséances, la plus déplorable immoralité présidoient à l'acte le plus important de la vie et qui a l'influence la plus marquée sur le repos des familles. Le Général LECLERC, qui avoit conservé le dépôt de la saine doctrine, vient aux pieds des autels réclamer l'intervention sacrée des Ministres du Seigneur, courbe son front devant le Dieu qui consacre le mariage et en assure l'indissolubilité ; et au milieu des innovations effrontées qui ravagent l'Eglise, il a le courage de résister à son siècle et de lutter contre la force de l'exemple.

Guerriers François, renommés dans tout l'univers par votre vaillance, vous avez assez fait pour la gloire de vos armes : vous avez vaincu l'Europe, vous avez conquis la paix au prix de votre sang ; recevez les solennelles actions de graces de la patrie reconnoissante. Mais il vous reste une autre gloire à acquérir, c'est la gloire du respect pour les mœurs dont il vous appartient d'étendre et de consolider l'empire ; c'est la gloire de la Religion et de la véritable piété. Vous avez entendu dire peut-être que la piété est incompatible avec le courage, qu'elle rétrécit l'ame, qu'elle dessèche le germe des grandes actions ; c'est le blasphême de l'incrédulité : comme si un guerrier qui combat sous les yeux du Dieu des armées, qui lui offre chaque jour ses dangers, ses privations, le sacrifice de sa vie, qui apperçoit au champ d'honneur les palmes du Ciel s'unir aux lauriers qui l'attendent, étoit moins propre à remplir l'objet de sa glorieuse vocation. Soyez donc maintenant, dans nos murs paisibles, les défenseurs de la foiblesse, les protecteurs de l'innocence ; venez dans nos temples donner et recevoir l'exemple des vertus chrétiennes ; marchez sur les traces des Duguesclin, des Baïard, des Turenne, des Catinat, aussi recommandables par la pureté de leurs mœurs et la simplicité de leur foi, que par leur inviolable attachement à la patrie, qui voyoit en eux les plus fidèles gardiens de son bonheur, parce que la Religion n'avoit pas de disciples plus humbles et plus dociles.

Bonaparte s'occupoit du grand ouvrage de la paix, en même temps qu'il assuroit à son vertueux ami, un sort justement envié et un repos honorable. Le vainqueur présente tout-à-coup l'olivier à son ennemi étonné, et sa noble avarice du sang françois voudroit mettre un terme aux calamités de la guerre : des conférences s'ouvrent pour assoupir les querelles des rois ; et le monde crut revoir encore une fois cette époque célèbre dans l'histoire, où Rome avoit fermé le temple de la guerre, et où tous les peuples jouissoient d'une paix profonde. *Conquievit omnis terra.* (Isaïe, c. 14, v. 7). Le Général Leclerc est chargé de la consolante mission d'annoncer à la capitale, que la plaintive humanité respirera enfin, que la confiance va succéder aux inquiétudes de l'intérêt ou de la sensibilité, que le commerce déploîra bientôt ses ailes et volera jusqu'aux extrémités du globe. Je ne vous peindrai point, MM. les transports de la joie publique à cette nouvelle si impatiemment désirée, ni les douces émotions que le Général Leclerc dut éprouver, en voyant couler les larmes de la reconnoissance nationale.

Mais son retour en Italie met le comble aux jouissances sublimes et aux plaisirs délicats qu'il rechercha toujours, et dont les grands cœurs sont avides. On l'avoit rassasié d'outrages, ce Pontife vénérable qui a tant honoré le trône, l'autel, le malheur et la vieillesse, et auquel la France régénerée décerne maintenant des hommages solennels; il étoit condamné à finir son long et douloureux martyre sur ces plages homicides, qui ont devoré tant de victimes, où des Sauvages donnèrent des leçons d'humanité à des Européens, et des témoignages de sensibilité à des François. Le Général LECLERC ne balance point à embrasser le parti de l'innocence et de la vertu : porteur d'ordres qui imprimeroient à la France une tache ineffaçable, il lui épargne un crime de plus, et sauve le Héros de l'Eglise. Ce trait seul vaut un éloge, MM., et en immortalise l'auteur dans le souvenir de toutes les nations catholiques.

Pourquoi faut-il qu'un homme si juste, si bon, si magnanime, reparoisse encore sur le théâtre des combats ? Hélas ! les espérances de la paix avoient été presque aussitôt détruites que conçues : le démon de la guerre souffle de nouveau sur ce foyer redoutable, où l'orgueil humilié rassemble les noires vapeurs de la politique, et allume les volcans qui secouent les empires. Je n'entrerai point dans le détail des combats qu'il a livrés, des succès qu'il a obtenus ou auxquels il a contribué en Allemagne et en Italie : mais puis-je oublier que par des opérations aussi heureuses que savantes, il prenoit des forteresses sur les bords du Rhin, et trompoit par des diversions hardies, l'armée supérieure en nombre qui lui étoit opposée, tandis que nos invincibles légions fixoient enfin à Marengo les destinées de la France, et domptoient l'opiniâtre et belliqueuse résistance de nos ennemis ? Puis-je oublier que, revêtu du commandement en chef de l'armée de Portugal, s'il ne s'illustra pas par de nouveaux exploits et par de nouvelles conquêtes, il en fit une bien précieuse pour un homme de guerre, l'amour des soldats ? et l'on sait que chez des François, ce sentiment est le présage le plus certain et le gage le plus assuré de la victoire.

Le Général LECLERC en fera bientôt la triste épreuve, dans des climats lointains où l'humanité et la sagesse du Gouvernement l'envoient développer des talens mûris et agrandis par l'expérience. Elles avoient passé les mers ces désolantes doctrines, ces théories anti-sociales, ces extravagantes abstractions qui ont couvert le continent de ruines; elle avoit armé contre leurs anciens maîtres, d'implacables Africains, et embrasé le nouveau monde, cette fausse philosophie qui promettoit le bonheur et n'a donné que des calamités, qui devoit détruire tous les préjugés et n'a entassé que des erreurs, qui devoit se montrer à la terre brillante de clartés, et n'a éclairé l'univers qu'à la lueur d'un vaste incendie; et la plus opulente des colonies n'étoit plus qu'un monceau de cendres détrempées dans du sang : la flamme a devoré des richesses accumulées par l'industrie de plus d'un siècle; et St.-Domingue, éternel objet de la jalousie des ennemis de la France, se débattoit dans les convulsions du despotisme et de l'anarchie.

Quelle main puissante arrêtera la dissolution totale de cette colonie autrefois si florissante et si chère à la métropole? qui la rattachera à la commune patrie par les nœuds de l'intérêt et de la confiance? celui, MM., qui parmi nous a tiré l'ordre du sein même du chaos, et a fait naître l'harmonie, de l'opposition des habitudes anciennes et des institutions nouvelles. Il cherche dans sa prudence quel est le sage auquel il remettra l'accomplissement de ses desseins régénérateurs. Le Général LECLERC obtient son choix ; et déjà les liens qui le retiennent sont brisés : il se dérobe aux regrets de l'amitié, aux pleurs de sa famille, aux douceurs du repos. La difficulté de l'entreprise, la nouveauté des circonstances, la grandeur des dangers, rien ne l'arrête : il arrive après une navigation pénible. Ce libérateur généreux apportoit la paix, et il trouve la guerre. Mais qui résisteroit à la valeur impétueuse des légions françoises ? Il renverse avec elles tous les obstacles, marche de victoire en victoire, emporte les retranchemens les plus inaccessibles : les rebelles se troublent et se divisent ; sa persévérance courageuse dans les plans qu'il a formés, déjoue les ruses de la mauvaise foi ; la fermeté de son administration rend l'espérance aux gens de bien, et le désespoir passe chez les ennemis.

La calomnie, qui s'attache aux grands noms, a voulu ternir l'éclat du sien ; l'histoire sera plus juste que ses contemporains, MM. : elle racontera les fatigues qu'il a essuyées, les contradictions auxquelles il a été en butte, les dégoûts inséparables de cette expédition : elle dira aux générations futures que sa bienfaisance, sa simplicité et sa justice lui avoient gagné tous les cœurs à St.-Domingue ; qu'il y étoit l'ange tutélaire des malheureux et la seconde providence des hopitaux ; qu'il a plus d'une fois arrosé de ses larmes les blessures du soldat, et adouci ses douleurs par d'inépuisables largesses ; que son tendre intérêt aux infortunes publiques en diminuoit l'amertume ; que les ravages de ce terrible fléau auquel nous devons tant de pertes irréparables, empoisonnoient sa vie ; qu'il s'immoloit chaque jour à son devoir, et qu'un guerrier n'a jamais eu un plus grand besoin de l'héroïsme de la patience, du désintéressement et du courage : elle dira qu'il a fait tout ce qu'on pouvoit attendre de la sagesse unie à la force; en un mot, elle burinera l'apologie de cette regrettable victime de l'honneur, du patriotisme et de la vertu.

Oui, MM., le terme d'une si belle vie étoit marqué dans les immuables décrets de la Providence ; une maladie cruelle qui moissonne ceux que le fer a épargnés, frappe le Capitaine général. C'est ici l'écueil des ames ordinaires, mais la véritable grandeur perce les ombres qui l'enveloppent. Etendu sur son lit de mort, il n'éprouve ni le saisissement de la crainte, ni les agitations de l'impatience : nul retour amer, nulle réflexion chagrine sur l'incertitude d'un art qui s'efforce en vain de l'arrêter sur le bord de l'abyme. La mort s'avance lentement et déploie sur lui toute son horreur : supérieur à l'orgueil qui la brave, il l'observe, l'attend et lui sourit. Qui peut ainsi affermir l'homme au milieu de ce qu'il y a de plus effrayant pour l'homme ? Ah ! c'est la paix du juste qui retourne vers l'Auteur de la justice ; c'est la douce confiance de la vertu ; c'est le sentiment secret de l'immortalité : l'immortalité ! le plus saint des désirs, la plus précieuse des espérances, la chaîne invisible et sacrée qui lie le Ciel à la terre, l'homme à Dieu, et les hommes entr'eux.

Mais la résignation du chrétien n'est point cette insensibilité stoïque dont on a vu quelques prétendus esprits forts entreprendre d'honorer leurs derniers momens. Incapable de prononcer les éternels adieux de la tendresse, LECLERC, oppressé de regrets, se détermine au plus grand des sacrifices; il éloigne de ses yeux une femme chérie, dont les larmes coulent sur son cœur, et un enfant plein de charmes, qu'il a pressé pour la dernière fois sur son sein paternel : quelle séparation ! qu'elle est déchirante ! il n'a plus que quelques heures à donner à son pays, et il recueille, pour le servir encore, ce qui lui reste de vie. Le salut de la colonie, la soumission des rebelles, la santé des braves qui l'ont suivi sous un ciel destructeur, voilà ce qui occupe son ame véritablement françoise. Ses lèvres glacées dictent des ordres, sa bouche mourante nomme son successeur ; et ce choix heureux est une bonne action de plus : rien n'échappe à sa vigilance, lorsque l'existence commence à lui échapper à lui-même. Son corps éprouve déjà les froides atteintes de la mort, et son cœur est tout entier aux objets de son amour et de son zèle. Aussi je ne m'étonne point des regrets universels qu'il a excités, des larmes qu'il a fait répandre, et de ce que sa mort a été regardée à Saint-Domingue comme une calamité publique.

Chrétiens assemblés par la Religion autour de ces tristes voiles que la mort étend pour orner son triomphe, et rendre plus magnifique le témoignage de notre néant, vous laisseriez-vous éblouir par ce vain éclat de la renommée que le monde donne à ses héros ? Qu'est-ce donc que cette brillante chimère qu'on appelle la gloire ? Ah ! plutôt implorons les miséricordes du souverain Rémunérateur en faveur d'un Guerrier qui representa si bien la bonté parmi nous. Ces vœux, que notre reconnoissance doit à sa mémoire et que la Religion réclame, sans doute il les avoit prévenus lui-même : et si la piété n'est que le sentiment plus profond de nos devoirs, puisqu'il a rempli les siens avec une si constante fidélité, embrassons les douces consolations de la foi ; plaçons notre confiance dans cette probité vraiment antique avec laquelle il rejeta les offres des Rois, et les moyens si faciles d'accroître sa fortune ; dans cette franchise aimable, le plus bel apanage d'un militaire ; dans cette égalité d'ame, compagne ordinaire des caractères élevés et des consciences pures ; dans cette droiture incorruptible, ennemie irréconciliable de la fraude, de la dissimulation et de l'imposture ; dans cette charité toujours en action, qui soulage l'indigence, arrache des victimes à la mort, et se nourrit des bienfaits qu'elle répand ; dans la noblesse et la dignité de sa conduite chez les peuples étrangers, dont il respecta les mœurs, la religion et les usages.

Fléchissons nous-mêmes la justice de Dieu, en jurant sur ce tombeau de ne plus la provoquer par nos fautes ; déposons sur ce mausolée, comme l'hommage le plus agréable à celui qu'il renferme, nos longues inimitiés, nos ressentimens secrets, nos souvenirs amers, et nos regrets impuissans. Le Ciel, peut-être, a attaché le miracle de l'entière restauration de l'Eglise et de l'Etat à notre soumission filiale : honorons la cendre du meilleur des François, en nous ralliant à un Gouvernement tutélaire, plus admirable, aux yeux de la raison impartiale, par ce qu'il n'a pas fait encore, que par ce qu'il a déjà fait pour notre bonheur. Secondons de tout notre pouvoir les desseins bienfaisans et les hautes pensées du Héros qui, après avoir enchaîné à son char de triomphe, et les factions intestines, et les ligues étrangères, et la destinée de l'Europe, s'est élevé au-dessus de l'esprit de son siècle, et a rappelé la Religion exilée et gémissante. Chrétiens et François, n'ayons plus désormais qu'un esprit et qu'un cœur; c'est le salut de la Religion, c'est le salut de la Patrie qui nous en imposent le devoir : et l'amour de la Religion n'est-il pas la première loi des Chrétiens, et l'amour de la Patrie le premier besoin des François?

Seigneur, que votre miséricorde et votre bonté achevent ce qu'elles ont commencé. *Da pacem, Domine.* Redonnez-nous, mais pour ne plus la reperdre, la paix de la Religion, la paix de l'Etat, la paix des consciences, jusqu'à ce que nous jouissions de la paix éternelle dans vos tabernacles.

A LYON, de l'Imprimerie de BALLANCHE père et fils aux Halles de la Grenette. An 11.

www.ingramcontent.com/pod-product-compliance
Lightning Source LLC
Chambersburg PA
CBHW070529050426
42451CB00013B/2918